同じ材料でプチパンから
ベーグル、クッペまで。

新装版

テーブルブレッド
Table Bread

ムラヨシマサユキ

はじめに

パンの主材料は、小麦粉、塩、砂糖、水、イースト、油脂の6つ。
これらをこね合わせ、発酵させて焼成します。
極端かもしれませんが、あのパンも、このパンも
小麦粉に加える水分の加減と成形の違いで、
いろいろな名前のパンになり、焼き上がっているのです。

ぼくはここ二十年、ほぼ毎日パンを食べています。
だからといって、流行りのパンはさほど食べておらず、
好んで作るのはシンプルな生地のパン。
いわゆる、テーブルブレッドばかりです。
テーブルブレッドとは「食卓のパン」。
料理と一緒に食べるパンのことです。

そこにはパンのかたわらにジャムやバター、
スープがあったり、サラダがあったり、
煮込みがあったりと、日々のおかずがあります。
そうなるとパン自体は、いろいろな味がしないほうが
との献立にも合わせやすいのです。

本書では、今までぼくが作ってきたテーブルブレッドを、
加える水の量を加減するだけで
ふんわりからもっちり食感まで楽しめるように再構築しました。
使う材料や分量もほぼ同じなので、いつの間にか暗記できるくらい単純です。

もっと気楽にパン作りを楽しんで、食卓に添えていただけたら嬉しいです。

ムラヨシマサユキ

［ 加水率*で変わる生地 ］

*加水率とは粉全量に対しての水分の割合（％）を指します。

加水率 **50％**

type：ベーグル

加水率 **60％～70％**

type：プチパン、コッペパン、ピタ、フォカッチャ、
イングリッシュマフィン

粉に対しての加水率が多くないので、生地が手や台に
べとつかず、まとまりが早い。初心者の方でも安心して
作業できるかたさ。手に取っても、生地はその形を保っ
たまま垂れない。

加水率が65％～70％になると、こね始めは生地が手
や台にはりついてべとつくが、生地にコシが出てきて、
手や台からはがれようになる。72％強程度の加水率を
境に手でこねるのがかなり難しくなる。手に取っても動か
ないが、やわらかい弾力の質感になる。

発酵の香りより、焼けた生地や使った粉の味わいがスト
レートに強く前に出てくる。

気泡は小さめだが、縦に伸びる気泡が出はじめ、より
発酵の風味が強く閉じ込められた生地になる。食感は
50％のベーグルと比べると、強い弾力が和らぎ、よりふ
んわりとした食感になっていく。

［ 生地の扱いやすさ ］

本書の「ソフトな生地のテーブルブレッド」は加水率がほどよいので、手ごねで気
軽に作ることができます。「セミハードな生地のテーブルブレッド」は加水率が多い
ので、ゆっくりと生地を長時間発酵させ、休み休み作業することができます。夜
仕込んで、翌日作業を再開できるところがとても魅力です。

加水率 **75%~80%**

加水率 **90%**

type:クッペ、エピ、リュスティック、
ニューヨーカーティック、フーガス

type:バットパン

加水率が75%を越えてくると、ヘラで混ぜるほうが楽
になってくる。手でこねて生地をつなげるよりも、ヘラで
混ぜる程度にして、ゆっくりと長時間発酵させるほうが
大小の気泡が混ざり合い、ツヤのある生地になる。生
地を手に取っても瞬間は形を保ちつつも、ゆっくりと垂
れて落ちていくやわらかさがある。

90%の加水率になると、手でこねる作業はほぼ不可
能に近い。混ぜた直後はほぼ液体のような状態だが、
混ぜたときのヘラでの刺激と長時間発酵を経て、粉の
芯にまで水分がしっかり吸収されて潤いのある生地に
仕上がっていく。手に取った生地はもはや形をとどめ
ず、含んだ水分の重みもあり、すぐに垂れて落ちていく。

焼き上がりの食感は、皮はバリッとかたくて、小麦の香
りがしっかりと出る。生地は水分が多く、大小の気泡が
乱雑に混在して、発酵の風味と小麦の味が引き出され
た味になる。

焼けた表面の皮は香ばしく焼き上がるが、生地は水分
がたっぷりで、もっちりとした生地になる。

[生地の食感]

パンの風味は、皮と生地の食感のコントラストとバランスで生まれます。また成形や大きさで、同じよう
な材料を使っていても、さまざまな味わいのパンになります。加水率が50～70％の生地は、グルテン
の形成をしっかりと鍛えるので、皮は薄く焼き上げ、生地を多く食べられるようにするとおいしく感じます。
75～90％の生地は、粉と水が自然にゆるやかにつながっていくので、生地を支えるため、皮はしっか
りと焼き色がつくまで焼き上げます。皮は強い香ばしさ、生地は水和した粉の旨みがあります。

Contents

Soft Dough Bread
ソフトな生地のテーブルブレッド

Semi Hard Dough Bread
セミハードな生地のテーブルブレッド

Dishes
テーブルブレッドと楽しむ料理

Column
コラム

テーブルブレッドを焼く前に

- オーブンは使う前にしっかりと予熱してから焼いてください。

- 本書で紹介しているテーブルブレッドは家庭用オーブンで焼成する際の温度、時間を紹介しています。オーブンの機種や性能により、差があります。焼き上がりは本書の写真を参考にし、記載されている時間で焼けるように温度を調整してください。

料理を作る前に

- 小さじ1は5㎖、大さじ1は15㎖、1カップは200㎖です。

- ごく少量の調味料の分量は「少々」または「ひとつまみ」としています。「少々」は親指と人差し指でつまんだ分量で、「ひとつまみ」は親指と人差し指と中指の3本でつまんだ分量になります。

- 「適量」はちょうどよい分量、「適宜」は好みで入れなくてもよいということです。

- 野菜類は特に指定のない場合は、洗う、むくなどの作業を済ませてからの手順を説明しています。

Soft Dough Bread

ソフトな生地のテーブルブレッド

しっかりと手でこねた生地は、適度な弾力があり、
軽い引きとふわっとした食感があります。
王道のパンの食感です。
皮はパリッ、生地はふわっとし、
素朴で飽きのこないご飯のようなテーブルブレッド。
だからどんな食事にも合います！
ちぎってそのまま、おかずを挟んで、
スープに浸して食べてもおいしい。

とても成形しやすい生地なので、
プチパンにしたり、コッペパンにしたり、
円盤状に焼いてピタにしたり、
リング状に焼いてベーグルにしたり、
平らに焼いてフォカッチャにしたりと自由自在です。

プチパン、
全粒粉プチパン
→ recipe p.26

カリカリベーコンと
かぼちゃのポタージュスープ
→ recipe p.86

ホワイトコッペパン
→ recipe p.33

コッペパン
→ recipe p.32

ナポリタンのコッペパン
→ recipe p.86

卵サラダのコッペパン
→ recipe p.87

ピタ
→ recipe p.36

ハムと野菜のグリルのサンドイッチ
→ recipe p.87

ベーグル、
ケシの実ライ麦ベーグル
→ recipe p.38

クリームチーズとサーモンのサンドイッチ
→ recipe p.88

コールスローのサンドイッチ
→ recipe p.88

フォカッチャ
→ recipe p.42

フォカッチャのチーズサンドイッチ
→ recipe p.89

フォカッチャのパンツァネッラ
→ recipe p.89

イングリッシュマフィン、
フライパンイングリッシュマフィン
→ recipe p.44

エッグベネディクトのオープンサンド
→ recipe p.90

Soft Dough Bread

ソフトな生地のテーブルブレッド

加水率とは

加水率とは粉全量に対しての水分の割合（％）を指します。60％の配合がこの本で紹介するパンの基本となります（機械でこねているベーカリーでは、もう少し水分量が多めです）。60％の加水率は初心者の方でも手ごねで作りやすく、粉の風味と発酵の旨みのバランスがよいパンに焼き上げることができます。水分量を増やすともっちりとした生地になりますが、70％を越えると手ごねが難しくなってきます。

プチパン　加水率**60%**

小麦の味をストレートに楽しめるプチパン。
砂糖や塩、クセのない米油で作ることで
どんなおかずにも合わせやすく、
飽きずに食べ続けられる食事パンです。

材料（6個分）

強力粉 … 200g

イースト … 小さじ1/3（1g）

塩 … 小さじ1/2（3g）

砂糖 … 大さじ1（10g）

米油（またはサラダ油）… 小さじ2（10g）

水 … 120g

打ち粉（強力粉）… 適量

One More Recipe

「全粒粉プチパン」

強力粉200gのうち20g（10％）を全粒粉にすれば、全粒粉プチパンを作ることができる。全粒粉の割合は好みで加減してもよい。全粒粉を加えると発酵がより安定するが、多く加えると発酵速度が速くなることがあるので、発酵の見極めに気をつけること。

作り方

[ミキシング]

❶ ボウルに水、塩、砂糖、米油を入れる A 。

❷ 続けて強力粉、イーストを順に加え B C 、ゴムベラで粉気が見え
　なくなるまで混ぜる D E 。

❸ 生地を台に取り出して利き手のつけ根で台にすり合わせ、かたさ
　を均一にする F 。

❹ 生地を両手で持ち、肩の高さから台に力強く落とすを、50回程度
　繰り返し G 、ざらついていた生地を滑らかになるまで鍛える H 。

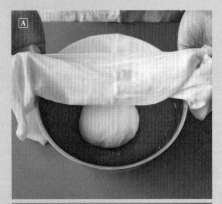

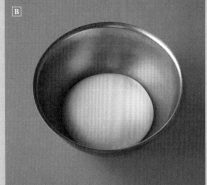

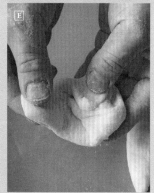

発酵の目安

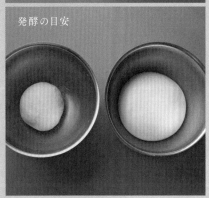

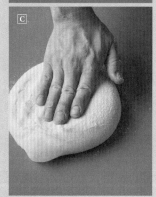

[一次発酵]

❺ 生地を丸めて表面を張らせ、ボウルに戻す。濡れ布巾をかけ A、室温で生地が倍の大きさになるまで3時間置く B。

天板にオーブンシートを敷いておく。

室温とは

室温とは20〜28℃を指す。直射日光を避けて、春秋はそのまま、夏冬は人が過ごしやすい部屋の空調が当たらない場所に置くようにする。

[分割・ベンチタイム]

❻ 生地の表面に打ち粉を薄くふる A。ボウルの側面にカードを差し入れてはりついた生地をはがす。ボウルをひっくり返して台に取り出し B、手で軽く生地を押してガスを抜く C。

❼ 打ち粉を適宜ふりながら、生地を傷つけないようにカードで6等分に分割する D。

❽ 生地の切り口を内側に折り込む E。閉じ目を下にして天板に生地を並べ、濡れ布巾をかけてそのまま室温で10分休ませる F。

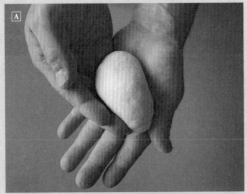

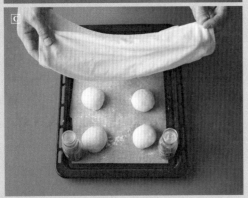

[成形]

⑨ 生地を軽く押してガス抜きをして丸め直し
 A、閉じ目をしっかりと閉じる B。

[二次発酵]

⑩ 再度天板の上に閉じ目を下にしてのせ、天
 板の四隅に空き瓶を置いて上からふんわり
 と濡れ布巾をかける C。生地につかないよ
 うに注意し、ひと回り大きくなるまで室温で
 80〜90分置く。

二次発酵が70分ほど経過したらオーブンを
200℃に予熱しておく。

[焼成]

⑪ 茶漉しで打ち粉を薄くふり A、包丁で生地
 の中心に切り込みを1本入れる B。切り
 込みは一方向のみに入れ、上手くいかなっ
 かった場合はなぞってもいいので同じ方向
 に入れる。

⑫ 温めたオーブンに入れて12〜14分焼く。
 底面にもしっかりと焼き色がついていたら、
 ケーキクーラーに取り出して冷ます C。

"早く焼きたい人のために"

一次発酵のみで焼く

手っ取り早くパン作りを体験したい、食事に合わせて急いでパンを焼きたい!
そんなときは通常の2回の発酵時間が、ちょっと面倒でもあります。
生地をこねて、すぐに成形して1回の発酵だけで焼いてみると1〜2割膨らみは減少しますが、意外にきちんと焼けます。
なお、2回目の発酵をなくすと、日持ちしないので焼いたその日に食べきるのがおすすめです。

プチパン

材料（6個分）

強力粉 … 200g

イースト … 小さじ1/3（1g）

塩 … 小さじ1/2（3g）

砂糖 … 大さじ1（10g）

米油（またはサラダ油）… 小さじ2（10g）

水 … 120g

打ち粉（強力粉）… 適量

作り方

天板にオーブンシートを敷いておく。

[ミキシング]

❶ ボウルに水、塩、砂糖、米油を入れる。

❷ 続けて強力粉、イーストを順に加え、ゴムベラで粉気が見えなくなるまで混ぜる。

❸ 生地を台に取り出して利き手のつけ根で台にすり合わせ、かたさを均一にする。

❹ 生地を両手で持ち、肩の高さから台に力強く落とすを、50回程度繰り返し、ざらついていた生地を滑らかになるまで鍛える。

[分割・成形]

❺ 打ち粉を適宜ふりながら、生地を傷つけないようにカードで6等分に分割する。

❻ 生地の切り口を内側に折り込み、閉じ目を下にして天板に生地を並べる。

[一次発酵]

❼ 天板の四隅に空き瓶を置いて上からふんわりと濡れ布巾をかける。室温で生地が倍の大きさになるまで3時間置く。

一次発酵が終了する10〜20分前になったら、オーブンを200℃に予熱しておく。

[焼成]

❽ 茶漉しで打ち粉を薄くふり、包丁で生地の中心に切り込みを1本入れる。切り込みは一方向のみに入れ、上手くいかなかった場合はなぞってもいいので同じ方向に入れる。

❾ 温めたオーブンに入れて12〜14分焼く。底面にもしっかりと焼き色がついていたら、ケーキクーラーに取り出して冷ます。

一次発酵のみ　　二次発酵あり

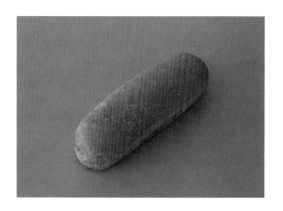

コッペパン　　加水率 **60%**

バターをほんのり効かせて
棒状に成形すれば、お馴染みのコッペパンになります。
好みのお惣菜や、ジャムなどを挟んで楽しんで。

材料（4本分）

強力粉 … 200g

イースト … 小さじ 1/3（1g）

塩 … 小さじ 1/2（3g）

砂糖 … 大さじ 1（10g）

溶かしバター＊（またはサラダ油）… 15g

水 … 120g

打ち粉（強力粉）… 適量

＊バターは電子レンジで軽く加熱して溶かす。
写真のように完全に溶けていなくてもよい。

作り方

［ミキシング］

❶ ボウルに水、塩、砂糖、溶かしバターを入れる。

❷ 続けて強力粉、イーストを順に加え、ゴムベラで粉気が見えなくなるまで混ぜる。

❸ 生地を台に取り出して利き手のつけ根で台にすり合わせ、かたさを均一にする。

❹ 生地を両手で持ち、肩の高さから台に力強く落とすを、50回程度繰り返し、ざらついていた生地を滑らかになるまで鍛える。

［一次発酵］

❺ 生地を丸めて表面を張らせ、ボウルに戻す。濡れ布巾をかけ、室温で生地が倍の大きさになるまで3時間置く。

天板にオーブンシートを敷いておく。

［分割・ベンチタイム］

❻ 生地の表面に打ち粉を薄くふる。ボウルの側面にカードを差し入れてはりついた生地をはがす。ボウルをひっくり返して台に取り出し、手で軽く生地を押してガスを抜く。

❼ 打ち粉を適宜ふりながら、生地を傷つけないようにカードで4等分に分割する。

❽ 生地の切り口を内側に折り込む。閉じ目を下にして天板に生地を並べ、濡れ布巾をかけてそのまま室温で10分休ませる。

［成形］

❾ 生地を軽く押し、ガス抜きをして平らにする A 。三つ折りにし B 、さらに二つ折りにして閉じ目を摘んでしっかりと閉じる C 。

❿ 優しく転がし、15cm長さの棒状にする D 。

［二次発酵］

⓫ 再度天板の上に閉じ目を下にしてのせ、天板の四隅に空き瓶を置いて上からふんわりと濡れ布巾をかける。生地につかないように注意し、ひと回り大きくなるまで室温で80〜90分置く。

二次発酵が70分ほど経過したらオーブンを200℃に予熱しておく。

［焼成］

⓬ 生地の表面に霧吹きで水を2〜3回かけて濡らし E 、温めたオーブンに入れて12〜14分焼く。底面にもしっかりと焼き色がついていたら、ケーキクーラーに取り出して冷ます。

One More Recipe

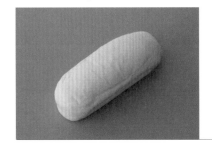

「ホワイトコッペパン」

オーブンの温度を少し低めの180℃に
設定し、15〜18分焼くと、コッペパン
を白く焼き上げることができる。底面に
焼き色がついていたら、焼き上がってい
るサイン。

"配合にひと手間加えて"

水分をほかの素材に変える

水の代わりに牛乳や卵を加えると、焼き上がるパンの風味や食感が変わります。

牛乳は水分に乳脂肪という固形が混ざっているため、歯切れが少し軽くなり、風味もまろやかに。

ただ少し発酵が遅くになることがあるので注意が必要です。

卵は黄身の効果でしっとりとし、ほっくりとした風味がつきます。

また卵白は歯切れのよさを強めます。風船のように膨らんで割れることがあるので、

成形時はしっかりとガス抜きをしてください。

コッペパン

材料 (4本分)

強力粉 … 200g

イースト … 小さじ 1/3 (1g)

塩 … 小さじ 1/2 (3g)

砂糖 … 大さじ 1 (10g)

溶かしバター * (またはサラダ油) … 15g

Ⓐ 牛乳 125g

Ⓑ 卵 1 個 + 水 60g

（卵は正味 48 〜 52g。120gに足らない場合は水を足す）

打ち粉 (強力粉) … 適量

* バターは電子レンジで軽く加熱して溶かす。

作り方

[ミキシング]

❶ ボウルにⒶまたはⒷ、塩、砂糖、溶かしバターを入れる。

❷ 続けて強力粉、イーストを順に加え、ゴムベラで粉気が見えなくなるまで混ぜる。

❸ 生地を台に取り出して利き手のつけ根で台にすり合わせ、かたさを均一にする。

❹ 生地を両手で持ち、肩の高さから台に力強く落とすを、50回程度繰り返し、ざらついていた生地を滑らかになるまで鍛える。

[一次発酵]

❺ 生地を丸めて表面を張らせ、ボウルに戻す。濡れ布巾をかけ、室温で生地が倍の大きさになるまで3時間置く。

天板にオーブンシートを敷いておく。

[分割・ベンチタイム]

❻ 生地の表面に打ち粉を薄くふる。ボウルの側面にカードを差し入れてはりついた生地をはがす。ボウルをひっくり返して台に取り出し、手で軽く生地を押してガスを抜く。

❼ 打ち粉を適宜ふりながら、生地を傷つけないようにカードで4等分に分割する。

❽ 生地の切り口を内側に折り込む。閉じ目を下にして天板に生地を並べ、濡れ布巾をかけてそのまま室温で10分休ませる。

水　　　　　　　牛乳　　　　　　　卵＋水

[成形]

❾ 生地を軽く押してガス抜きをして平らにする。
三つ折りにし、さらに二つ折りにして閉じ目を
摘んでしっかりと閉じる。

❿ 優しく転がし、15cm長さの棒状にする。

[二次発酵]

⓫ 再度天板の上に閉じ目を下にしてのせ、天板の
四隅に空き瓶を置いて上からふんわりと濡れ布
巾をかける。生地につかないように注意し、ひ
と回り大きくなるまで室温で80〜90分置く。

二次発酵が70分ほど経過したらオーブンを200℃
に予熱しておく。

[焼成]

⓬ 生地の表面に霧吹きで水を2〜3回かけて濡ら
し、温めたオーブンに入れて12〜14分焼く。
底面にもしっかりと焼き色がついていたら、ケー
キクーラーに取り出して冷ます。

ピタ

加水率 **65%**

薄く平たく成形して高温でさっと焼けば、
おかずをポケットに詰めて楽しめるピタに。
薄い生地なので、しっかりと焼き色が
つくまで焼かないように。

材料（4枚分）

強力粉 … 200g

イースト … 小さじ1/3（1g）

塩 … 小さじ1/2（3g）

砂糖 … 大さじ1（10g）

オリーブ油（またはサラダ油）… 小さじ2（10g）

水 … 130g

打ち粉（強力粉）… 適量

作り方

［ミキシング］

❶ ボウルに水、塩、砂糖、オリーブ油を入れる。

❷ 続けて強力粉、イーストを順に加え、ゴムベラで粉気が見えなくなるまで混ぜる。

❸ 生地を台に取り出して利き手のつけ根で台にすり合わせ、かたさを均一にする。

❹ 生地を両手で持ち、肩の高さから台に力強く落とすを、50回程度繰り返し、ざらついていた生地を滑らかになるまで鍛える。

［一次発酵］

❺ 生地を丸めて表面を張らせ、ボウルに戻す。濡れ布巾をかけ、室温で生地が倍の大きさになるまで3時間置く。

天板にオーブンシートを敷いておく。

［分割・ベンチタイム］

❻ 生地の表面に打ち粉を薄くふる。ボウルの側面にカードを差し入れてはりついた生地をはがす。ボウルをひっくり返して台に取り出し、手で軽く生地を押してガスを抜く。

❼ 打ち粉を適宜ふりながら、生地を傷つけないようにカードで4等分に分割する。

❽ 生地の切り口を内側に折り込んで軽く丸める。閉じ目を下にして天板に生地を並べ、濡れ布巾をかけてそのまま室温で30分休ませる。

［成形］

❾ 生地を軽く押してガス抜きをし、両手で直径15cmの円形に引き伸ばす。

［二次発酵］

❿ 再度天板の上にのせ、天板の四隅に空き瓶を置いて上からふんわりと濡れ布巾をかける。生地につかないように注意し、ひと回り大きくなるまで室温で20〜30分置く。

二次発酵が10分ほど経過したらオーブンを230℃に予熱しておく。

［焼成］

⓫ 温めたオーブンに入れて6〜8分焼く。風船のように生地が膨れ、裏面にも焼き色がうっすらついていたら、ケーキクーラーに取り出して冷ます。

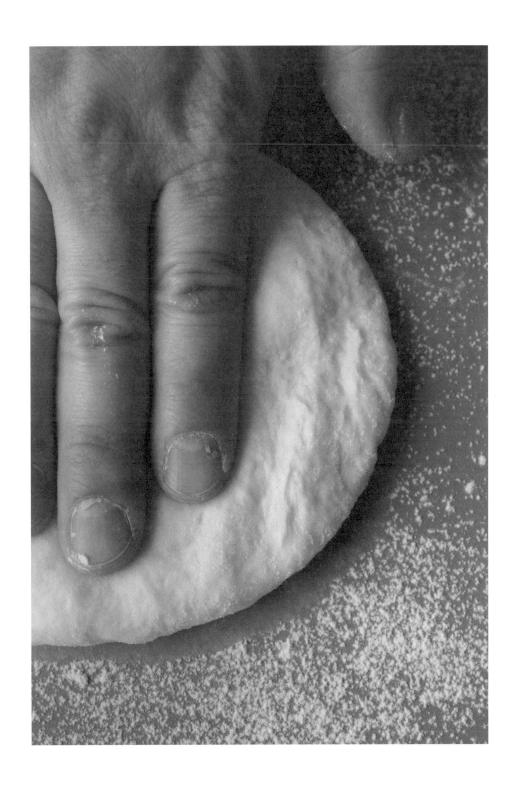

材料（4個分）

強力粉 … 200g

イースト … 小さじ1/3（1g）

塩 … 小さじ1/2（3g）

砂糖 … 大さじ1（10g）

米油（またはサラダ油）… 小さじ1（5g）

水 … 100g

打ち粉（強力粉）… 適量

ベーグル　　加水率**50%**

ムギュッと噛み応えのあるベーグルは、
茹でる工程があるのが特徴。
茹でることで表面から発酵を急停止させて
それ以上生地を膨らませないことで、
あの独特な食感が生まれます。

One More Recipe

「ケシの実ライ麦ベーグル」

強力粉200gのうち20g（10%）をライ麦粉
にして同様にライ麦ベーグルを作ることがで
きる。ライ麦の割合は好みで加減してもよ
い。ライ麦粉を加えて作るとムチッとした食
感になる。ただコシが出ないので入れすぎる
と、生地がだれてしまうので注意する。ケシ
の実はベーグルを茹で上げたあと、焼成直
前に生地にふりかけ（写真）、はりつけて同
様に焼成する。ごま、細かく刻んだナッツ、
穀物類などもおすすめ。

作り方

［ミキシング］

❶ ボウルに水、塩、砂糖、米油を入れる。

❷ 続けて強力粉、イーストを順に加え、ゴムベラで粉気
が見えなくなるまで混ぜる。

❸ 生地を台に取り出して利き手のつけ根で台にすり合わ
せ、かたさを均一にする。

❹ 生地を両手で持ち、肩の高さから台に力強く落とすを、
50回程度繰り返し、ざらついていた生地を滑らかにな
るまで鍛える。

［一次発酵］

❺ 生地を丸めて表面を張らせ、ボウルに戻す。濡れ布巾を
かけ、室温で生地が倍の大きさになるまで3時間置く。

［分割・ベンチタイム］

❻ 生地の表面に打ち粉を薄くふる。ボウルの側面にカー
ドを差し入れてはりついた生地をはがす。ボウルを
ひっくり返して台に取り出し、手で軽く生地を押してガ
スを抜く。

❼ 打ち粉を適宜ふりながら、生地を傷つけないように
カードで4等分に分割する。

❽ 生地の切り口を内側に折り込み、閉じ目を下にしてボ
ウルまたは濡れ布巾を被せてそのまま室温で30分休
ませる。

12cm四方のオーブンシートを4枚用意して天板に敷いておく。

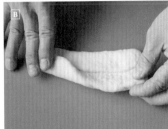

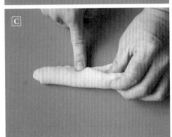

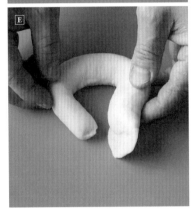

[成形]

❾ 生地を軽く押してガス抜きをして平らにするA。三つ折りにしB、さらに二つ折りにして閉じ目を摘んでしっかりと閉じるC。

❿ 優しく転がし、15cmの棒状にするD。太いほうの端を軽く潰して平らにし、もう片方の端を包むようにしてリング状にするEF。閉じ目をしっかり閉じG、天板のオーブンシートに閉じ目を下にしてのせるH。

[二次発酵・茹でる]

⓫ 天板の四隅に空き瓶を置いて上からふんわりと濡れ布巾をかける。生地につかないように注意し、ひと回り大きくなるまで室温で60〜70分置く。

二次発酵が50分ほど経過したらオーブンを210℃に予熱しておく。

⓬ 大きめの鍋に5cm高さの湯を沸かす。2ℓ程度の熱湯に対して砂糖大さじ1（分量外）を加え、⓫の表面を下にして入れるA。オーブンシートははがし、天板に戻しておく。

⓭ 1分茹でたらひっくり返してさらに1分茹でB、網じゃくしですくって濡れたままオーブンシートの上に戻す。

[焼成]

⓮ 温めたオーブンに入れて12〜14分焼く。底面にも焼き色がしっかりとついていたら、ケーキクーラーに取り出して冷ます。

材料 (2枚分)

強力粉 … 200g

イースト … 小さじ1/3 (1g)

塩 … 小さじ1/2 (3g)

砂糖 … 大さじ1 (10g)

オリーブ油 (またはサラダ油) … 小さじ2 (10g)

水 … 136g

打ち粉 (強力粉)、オリーブ油、粗塩 * … 各適量

*塩は塩気がマイルドな海塩が望ましいが、
岩塩を使用する場合は量を加減する。

黒オリーブ … 5粒 (横半分に切る)

ローズマリー … 1枝 (枝から葉を摘む)

フォカッチャ　　加水率 **68%**

ポコポコと穴が空いているフォカッチャ。
生地に空洞ができたり、
山なりに大きく膨らまないように穴をあけます。
生地自体は簡素な質感に仕上げ、
オリーブ油をジュワッと染み込ませます。

作り方

[ミキシング]

❶ ボウルに水、塩、砂糖、オリーブ油を入れる。

❷ 続けて強力粉、イーストを順に加え、ゴムベラで粉気
が見えなくなるまで混ぜる。

❸ 生地を台に取り出して利き手のつけ根で台にすり合わ
せ、かたさを均一にする。

❹ 生地を両手で持ち、肩の高さから台に力強く落とすを、
50回程度繰り返し、ざらついていた生地を滑らかにな
るまで鍛える。

[一次発酵]

❺ 生地を丸めて表面を張らせ、ボウルに戻す。濡れ布巾を
かけ、室温で生地が倍の大きさになるまで3時間置く。

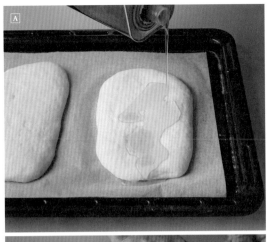

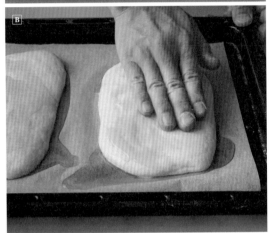

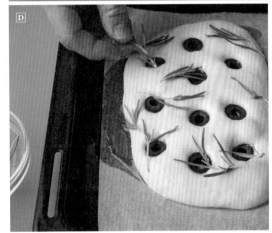

[分割・ベンチタイム]

❻ 生地の表面に打ち粉を薄くふる。ボウルの側面に
カードを差し入れてはりついた生地をはがす。ボウル
をひっくり返して台に取り出し、手で軽く生地を押し
てガスを抜く。

❼ 打ち粉を適宜ふりながら、生地を傷つけないように
カードで2等分に分割する。

❽ 生地の切り口を内側に折り込み、閉じ目を下にしてボ
ウルまたは濡れ布巾を被せてそのまま室温で10分休
ませる。

天板にオーブンシートを敷いておく。

[成 形]

❾ 生地をひとつ手に持ち、天板にのせる。手で軽く押し、
直径12×20cmの楕円形に広げる。残りの生地も
5cmほどの隙間をあけてのせ、同様に広げる。

[二次発酵]

❿ 天板の四隅に空き瓶を置いて上からふんわりと濡れ
布巾をかける。生地につかないように注意し、ひと回り
大きくなるまで室温で80〜90分置く。

二次発酵が70分ほど経過したらオーブンを220℃に予
熱しておく。

[焼 成]

⓫ オリーブ油を多めに（1枚につき大さじ2程度）回しか
け A 、手のひらで生地全体に優しく塗り広げる B 。2
本の指で5か所、計10個の穴をあける C 。

⓬ 1枚にはあけた穴に黒オリーブを入れてローズマリー
の葉を散らし D 、それぞれに粗塩をふる。

⓭ 温めたオーブンに入れて12〜15分焼く。底面にも焼
き色がしっかりとついていたら、ケーキクーラーに取り
出して冷ます。

材 料 (直径6.5cmのストレートマフィン型・6個分)

強力粉 … 200g

イースト … 小さじ1/3 (1g)

塩 … 小さじ1/2 (3g)

砂糖 … 大さじ1 (10g)

米油 (またはサラダ油) … 小さじ1 (5g)

水 … 140g

打ち粉 (強力粉)、コーングリッツ … 各適量

イングリッシュマフィン 加水率**70%**

少しゆるめの生地なので、
型に入れて焼くとふわっとしつつも
キリッと形を保ったマフィンに焼き上がります。
またフライパンで直焼きすると、
側面がとてもやわらかく仕上がります。

One More Recipe

「フライパンイングリッシュマフィン」

マフィン型もオーブンも使わずにフライパン
で作れるイングリッシュマフィン。ベンチタイ
ム後、たっぷりと濡らしたキッチンペーパー
の上で生地を転がして表面を濡らし、打ち
粉をつけてフライパンに並べる。蓋をしてひ
と回り大きくなるまでそのまま室温で60～
70分置き、二次発酵させる。(フライパン
に入りきらなければ、別に取り置き、濡れ布
巾をかけて二次発酵させる)。弱火にかけ、
15～16分焼く。焼き色がほんのりついたら
ひっくり返し、再び蓋をして14～15分焼く。

作り方

[ミ キ シ ン グ]

❶ ボウルに水、塩、砂糖、米油を入れる。

❷ 続けて強力粉、イーストを順に加え、ゴムベラで粉気
が見えなくなるまで混ぜる。

❸ 生地を台に取り出して利き手のつけ根で台にすり合わ
せ、かたさを均一にする。

❹ 生地を両手で持ち、肩の高さから台に力強く落とすを、
50回程度繰り返し、ざらついていた生地を滑らかにな
るまで鍛える。

[一 次 発 酵]

❺ 生地を丸めて表面を張らせ、ボウルに戻す。濡れ布巾を
かけ、室温で生地が倍の大きさになるまで3時間置く。

[分 割 ・ ベ ン チ タ イ ム]

❻ 生地の表面に打ち粉を薄くふる。ボウルの側面にカード
を差し入れてはりついた生地をはがす。ボウルをひっくり
返して台に取り出し、手で軽く生地を押してガスを抜く。

❼ 打ち粉を適宜ふりながら、生地を傷つけないように
カードで6等分に分割する。

❽ 生地の切り口を内側に折り込む。閉じ目を下にして台
に置いて上からボウルまたは濡れ布巾を被せてそのま
ま室温で10分休ませる。

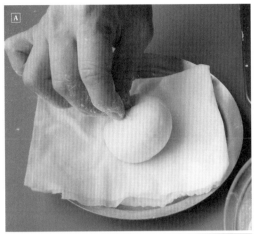

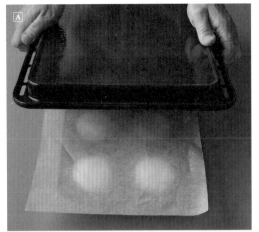

［成形］

❾ 生地を軽く押してガス抜きをして丸め直し、閉じ目
をしっかりと閉じる。

❿ たっぷりと濡らしたキッチンペーパーの上で生地を転
がして表面を濡らし🅐、コーングリッツの入ったボウ
ルに入れ🅑、表面にはりつけてマフィン型に入れる。

［二次発酵］

⓫ マフィン型の周りに空き瓶を置いて上からふんわり
と濡れ布巾をかける。生地につかないように注意
し、ひと回り大きくなるまで室温で60〜70分置く。

二次発酵が50分ほど経過したらオーブンを200℃に
予熱しておく。

［焼成］

⓬ マフィン型にひと回り大きく切ったオーブンシート、
さらに天板を被せ🅐、マフィン型ごとひっくり返す
🅑。型をのせたまま温めたオーブンに入れて13〜
15分焼く。

⓭ マフィン型を持ち上げ、イングリッシュマフィンが自
然に落ちてくるのを待って天板に取り出し、ケーキ
クーラーにのせて冷ます。

"違う食感を楽しむ"

焼かずに蒸す

パンの焼けた香りも魅力的だけど、
蒸し上げて中華料理のマントウのようにしてもおいしいです。
どこをかじってもふわふわもちもちで小麦の甘さが口いっぱいに広がります。
また焼いたパンのように小麦の香りが強く出ないので、
洋食、中華、和食と、さまざまなおかずとの相性がよいです。

プチパン

材料（6個分）

強力粉 … 200g

イースト … 小さじ1/3（1g）

塩 … 小さじ1/2（3g）

砂糖 … 大さじ1（10g）

米油（またはサラダ油）… 小さじ2（10g）

水 … 120g

打ち粉（強力粉）… 適量

作り方

［ミキシング］

❶ ボウルに水、塩、砂糖、米油を入れる。

❷ 続けて強力粉、イーストを順に加え、ゴムベラで粉気が見えなくなるまで混ぜる。

❸ 生地を台に取り出して利き手のつけ根で台にすり合わせ、かたさを均一にする。

❹ 生地を両手で持ち、肩の高さから台に力強く落とすを、50回程度繰り返し、ざらついていた生地を滑らかになるまで鍛える。

［一次発酵］

❺ 生地を丸めて表面を張らせ、ボウルに戻す。濡れ布巾をかけ、室温で生地が倍の大きさになるまで3時間置く。

［分割・ベンチタイム］

❻ 生地の表面に打ち粉を薄くふる。ボウルの側面にカードを差し入れてはりついた生地をはがす。ボウルをひっくり返して台に取り出し、手で軽く生地を押してガスを抜く。

❼ 打ち粉を適宜ふりながら、生地を傷つけないようにカードで6等分に分割する。

❽ 生地の切り口を内側に折り込む。閉じ目を下にして台に置いて上からボウルまたは濡れ布巾を被せてそのまま室温で10分休ませる。

12cm四方のオーブンシートを6枚用意して蒸篭に敷いておく。

［成形］

❾ 生地を軽く押してガス抜きをして丸め直し、閉じ目をしっかりと閉じる。

［二次発酵］

❿ 蒸篭のオーブンシートに閉じ目を下にしてのせ、上からふんわりと濡れ布巾をかける。生地につかないように注意し、ひと回り大きくなるまで室温で80〜90分置く。

二次発酵が終了するタイミングに合わせて鍋に湯を沸かしておく。

［蒸す］

⓫ 湯が沸いた鍋に蒸篭をのせて蓋をする。12〜15分蒸し、竹串を刺しても生地がついてこなければでき上がり。

焼豚の蒸しプチパン
サンドイッチ

蒸したプチパンを高さ半分にスライスし、
焼豚とスプラウトなど好みの野菜をサンドする。

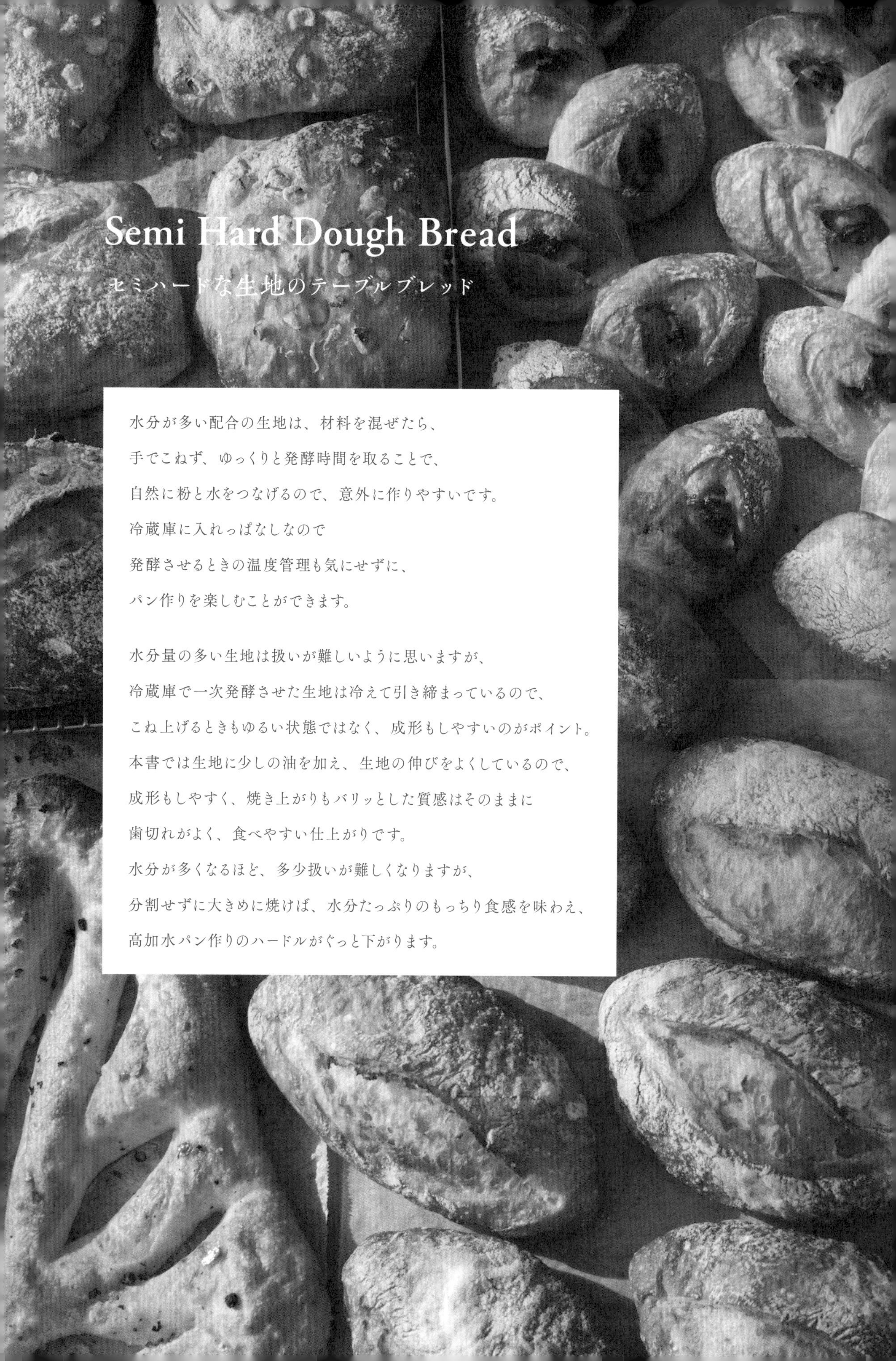

Semi Hard Dough Bread

セミハードな生地のテーブルブレッド

水分が多い配合の生地は、材料を混ぜたら、

手でこねず、ゆっくりと発酵時間を取ることで、

自然に粉と水をつなげるので、意外に作りやすいです。

冷蔵庫に入れっぱなしなので

発酵させるときの温度管理も気にせずに、

パン作りを楽しむことができます。

水分量の多い生地は扱いが難しいように思いますが、

冷蔵庫で一次発酵させた生地は冷えて引き締まっているので、

こね上げるときもゆるい状態ではなく、成形もしやすいのがポイント。

本書では生地に少しの油を加え、生地の伸びをよくしているので、

成形もしやすく、焼き上がりもバリッとした質感はそのままに

歯切れがよく、食べやすい仕上がりです。

水分が多くなるほど、多少扱いが難しくなりますが、

分割せずに大きめに焼けば、水分たっぷりのもっちり食感を味わえ、

高加水パン作りのハードルがぐっと下がります。

クッペ
→ recipe p.66

サーモンとじゃがいものクリームスープ
→ recipe p.91

ベーコンエピ
→ recipe p.72

大葉味噌の
リングエピ
→ recipe p.73

カレーピクルス
→ recipe p.91

コーンリュスティック
→ recipe p.77

リュスティック
→ recipe p.76

フムス
→ recipe p.92

ババガヌーシュ風
蒸しなす
→ recipe p.92

ドライフルーツとくるみの
ニューヨーカースティック
→ recipe p.78

りんごとセロリの
マリネサラダ
→ recipe p.93

ココアチョコのニューヨーカースティック
→ recipe p.78

フーガス
→ recipe p.80

ミントとパセリのタブレ
→ recipe p.93

バットパン
→ recipe p.82

ドライフィグとピスタチオのバットパン
→ recipe p.83

塩麹チキンと
グリーンピースの蒸し煮
→ recipe p.93

63

Semi Hard Dough Bread

セミハードな生地のテーブルブレッド

クッペ　加水率**75%**

少しの砂糖とオリーブ油を加えて生地を作り、
かた過ぎず、食べやすいクッペを目指しました。
どんな料理にも合わせやすいですが、バターやチーズ、
ディップなどとシンプルに味わうのもおすすめです。

セミハード系パンの加水率

加水率とは粉全量に対しての水分の割合（％）を指します。この本
で紹介するパンの基本は60％の配合となりますが、こうしたソフト
生地に比べ、皮がバリッと、生地がしっとりとしたセミハード系のパン
は、粉全量に対して75％と少し多めの水分量になります。そのため
手ごねだと、ベタベタとして生地がまとまりにくいため、手ごねではな
く、冷蔵庫で長時間発酵させて粉と水分を自然につなげ、生地がで
き上がるようにします。

材料（4個分）

強力粉 … 200g

イースト … 小さじ1/3（1g）

塩 … 小さじ1/2（3g）

砂糖 … 小さじ2（6g）

オリーブ油（またはサラダ油）… 小さじ1（5g）

水 … 150g

打ち粉（強力粉）… 適量

作り方

[ミキシング]

❶ ボウルに水、塩、砂糖、オリーブ油を入れる A。

❷ 続けて強力粉、イーストを順に加え B C、ゴムベラで粉気が見えな
くなるまで混ぜる。

❸ ゴムベラで生地をボウルの側面にすり合わせるようにしてボウル全
体に広げ D E、濡れ布巾をかけてそのまま室温で30分置く F。

> **30分置くことで**
>
> ミキシング後、粉類が十分に水を給水するように30分置く。この方法を
> 「オートリーズ」というが、オートリーズをさせたほうが、生地が扱いやす
> くなり、成形が楽になる。また生地はゴムベラで混ぜただけでもグルテン
> が発生し始め、オートリーズ後は多少のコシが出る。またこのオートリー
> ズ中も発酵は始まっている。

発酵の目安

[一次発酵]

❹ 生地をカードで集め A 、ひとまとめにして保存容器に入れる B 。蓋をして冷蔵庫の野菜室(冷蔵室なら手前の位置)に入れ、10〜12時間置く。

天板にオーブンシートを敷いておく。

[分割・ベンチタイム]

❺ 生地の表面に打ち粉を多めにふる A 。容器の側面にカードを差し入れてはりついた生地をはがし B 、容器をひっくり返して台に取り出す C 。

❻ 打ち粉を適宜ふりながら、手で軽く生地を押してガスを抜く。生地を傷つけないようにカードで4等分に分割する D 。

❼ 生地の切り口を内側に折り込む E 。閉じ目を下にして天板に生地を並べ、濡れ布巾をかけてそのまま室温で20分休ませる F 。

生地の出し方
生地はかき出さず、生地自身の重みで台にゆっくり落ちてくるのを待つこと。無理に取り出すと、気泡が潰れてしまう。また、気泡の中に閉じこめられている熟成した発酵の香りもすべて抜けていってしまう。

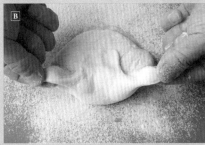

［成形］

❽ 打ち粉をふった台に生地をのせ、軽く押して
ガス抜きをして平らにする A。生地の端を
摘んで中央に集め B C、さらに二つ折りに
して閉じ目を摘んでしっかりと閉じてフット
ボール状にする D。

［二次発酵］

❾ 再度天板の上に閉じ目を下にしてのせ、天板の四隅に空
き瓶を置いて上からふんわりと濡れ布巾をかける A。生
地につかないように注意し、ひと回り大きくなるまで室温
で70〜80分置く。

二次発酵が60分ほど経過したらオーブンを230℃に予熱
しておく。

［焼成］

❿ 茶漉しで打ち粉を薄くふり、包丁で生地の中心に切り込み
を1本入れる B。切り込みは一方向のみに入れ、上手くい
かなかった場合はなぞってもいいので同じ方向に入れる。

⓫ 温めたオーブンに入れて12〜14分焼く。底面にもしっか
りと焼き色がついていたら、ケーキクーラーに取り出して
冷ます C。

全粒粉、またはヨーグルトで生地を安定させる

パン作りで、難しいとされている発酵の工程。「自信がない」と思われる方は、
全粒粉、またはヨーグルトの力を借りて、発酵を安定させることができます。
全粒粉はそれ自体に天然の酵母があるので、少し加えるだけで発酵が安定します。
ヨーグルトはそもそも発酵食品なので、全粒粉と同様の効果があります。
また全粒粉は香ばしい味を付加し、ヨーグルトは生地をしっとりと焼き上げます。

クッペ

＊このレシピでは強力粉、水とちらかを変更する。

材料（4個分）

強力粉 … 200g→強力粉180g＋全粒粉20g

イースト … 小さじ1/3（1g）

塩 … 小さじ1/2（3g）

砂糖 … 小さじ2（6g）

オリーブ油（またはサラダ油）… 小さじ1（5g）

水 … 150g→水140g＋プレーンヨーグルト（無糖）小さじ2

打ち粉（強力粉）… 適量

作り方

［ミキシング］

❶ ボウルに水150g、または水140g＋プレーンヨーグルト小さじ2、塩、砂糖、オリーブ油を入れる。

❷ 続けて強力粉200g、または強力粉180g＋全粒粉20g、イーストを順に加え、ゴムベラで粉気が見えなくなるまで混ぜる。

❸ ゴムベラで生地をボウルの側面にすり合わせるようにしてボウル全体に広げ、濡れ布巾をかけてそのまま室温で30分置く。

［一次発酵］

❹ 生地をカードで集め、ひとまとめにして保存容器に入れる。蓋をして冷蔵庫の野菜室（冷蔵室なら手前の位置）に入れ、10〜12時間置く。

天板にオーブンシートを敷いておく。

［分割・ベンチタイム］

❺ 生地の表面に打ち粉を多めにふる。容器の側面にカードを差し入れてはりついた生地をはがし、容器をひっくり返して台に取り出す。

❻ 打ち粉を適宜ふりながら、手で軽く生地を押してガスを抜く。生地を傷つけないようにカードで4等分に分割する。

❼ 生地の切り口を内側に折り込む。閉じ目を下にして天板に生地を並べ、濡れ布巾をかけてそのまま室温で20分休ませる。

［成形］

❽ 打ち粉をふった台に生地をのせ、軽く押してガス抜きをして平らにする。生地の端を摘んで中央に集め、さらに二つ折りにして閉じ目を摘んでしっかりと閉じてフットボール状にする。

［二次発酵］

❾ 再度天板の上に閉じ目を下にしてのせ、天板の四隅に空き瓶を置いて上からふんわりと濡れ布巾をかける。生地につかないように注意し、ひと回り大きくなるまで室温で70〜80分置く。

二次発酵が60分ほど経過したらオーブンを230℃に予熱しておく。

［焼成］

❿ 茶漉しで打ち粉を薄くふり、包丁で生地の中心に切り込みを1本入れる。切り込みは一方向のみに入れ、上手くいかなかった場合はなぞってもいいので同じ方向に入れる。

⓫ 温めたオーブンに入れて12〜14分焼く。底面にもしっかりと焼き色がついていたら、ケーキクーラーに取り出して冷ます。

強力粉＋全粒粉

水＋プレーンヨーグルト

強力粉＋全粒粉

水＋プレーンヨーグルト

ベーコンエピ　加水率75%

エピとはフランス語で麦の穂という意味。
ベーコンの塩気と旨みが効いて
お惣菜パンのように楽しめます。

材料 (2本分)

強力粉 … 200g	水 … 150g
イースト … 小さじ1/3 (1g)	ベーコン … 4枚
塩 … 小さじ1/2 (3g)	粒マスタード … 小さじ4
砂糖 … 小さじ2 (6g)	打ち粉 (強力粉) … 適量
オリーブ油 (またはサラダ油)	
… 小さじ1 (5g)	

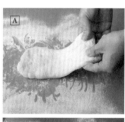

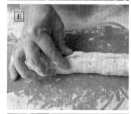

作り方

[ミキシング]

❶ ボウルに水、塩、砂糖、オリーブ油を入れる。

❷ 続けて強力粉、イーストを順に加え、ゴムベラで粉気が見えなくなるまで混ぜる。

❸ ゴムベラでボウルの側面に生地をすり合わせるようにしてボウル全体に広げ、濡れ布巾をかけてそのまま室温で30分置く。

[一次発酵]

❹ 生地をカードで集め、ひとまとめにして保存容器に入れる。蓋をして冷蔵庫の野菜室 (冷蔵室なら手前の位置) に入れ、10〜12時間置く。

天板にオーブンシートを敷いておく。

[分割・ベンチタイム]

❺ 生地の表面に打ち粉を多めにふる。容器の側面にカードを差し入れてはりついた生地をはがし、容器をひっくり返して台に取り出す。

❻ 打ち粉を適宜ふりながら、手で軽く生地を押してガスを抜く。生地を傷つけないようにカードで2等分に分割する。

❼ 生地の切り口を内側に折り込む。閉じ目を下にして天板に生地を並べ、濡れ布巾をかけてそのまま室温で20分休ませる。

[成形]

❽ 打ち粉をふった台に生地をのせ、軽く押してガス抜きをする。生地の端を引っ張り、10×25cmの長方形に引き伸ばす A。

❾ 生地の奥側に寄せてベーコン2枚をのせ、その上に粒マスタード小さじ2をスプーンの背で薄く塗る B。

❿ ベーコン側から巻き上げ C、手前側も巻き上げて棒状にする D。閉じ目をしっかりと閉じ E、再度天板の上に閉じ目を下にしてのせる。

⓫ ハサミで生地にギリギリまで斜めの切り込みを入れ、それを左右互い違いにずらし、麦の穂状にする F。

[二次発酵]

⓬ 天板の四隅に空き瓶を置いて上からふんわりと濡れ布巾をかける。生地につかないように注意し、ひと回り大きくなるまで室温で40〜50分置く。

二次発酵が30分ほど経過したらオーブンを230℃に予熱しておく。

[焼成]

⓭ 温めたオーブンに入れて14〜16分焼く。底面にもしっかりと焼き色がついていたら、ケーキクーラーに取り出して冷ます。

大葉味噌の リングエピ

加水率 **75%**

ベーコンエピを和風にアレンジ。
味噌と大葉が香ります。
形もリース状にしてこんがりと焼き上げます。

材料（2個分）

強力粉 … 200g

イースト … 小さじ1/3（1g）

塩 … 小さじ1/2（3g）

砂糖 … 小さじ2（6g）

オリーブ油（またはサラダ油）… 小さじ1（5g）

水 … 150g

大葉 … 16〜18枚

味噌 … 大さじ2

打ち粉（強力粉）… 適量

作り方

［**ミキシング**］〜［**分割・ベンチタイム**］までベーコンエピ
と同工程を行う。

［**成形**］

❽ 打ち粉をふった台に生地をのせ、軽く押してガス抜
きをする。生地の端を引っ張り、10×25cmの長方
形に引き伸ばす。

❾ 生地の奥側に寄せて縦半分に切った大葉半量をの
せ、その上に味噌大さじ1をスプーンの背で薄く塗
る A 。

❿ 大葉側から巻き上げ、手前側も巻き上げて棒状にす
る。閉じ目をしっかりと閉じ、再度天板の上に閉じ目
を下にしてのせる。端と端を重ねてくっつけ、リング
状にする B 。

⓫ ハサミで生地にギリギリまで斜めの切り込みを入れ
C 、外側にずらしてリース状にする D 。

［**二次発酵**］

⓬ 天板の四隅に空き瓶を置いて上からふんわりと濡
れ布巾をかける。生地につかないように注意し、ひ
と回り大きくなるまで室温で40〜50分置く。

二次発酵が30分ほど経過したらオーブンを230℃に
予熱しておく。

［**焼成**］

⓭ 温めたオーブンに入れて14〜16分焼く。底面にも
しっかりと焼き色がついていたら、ケーキクーラーに
取り出して冷ます。

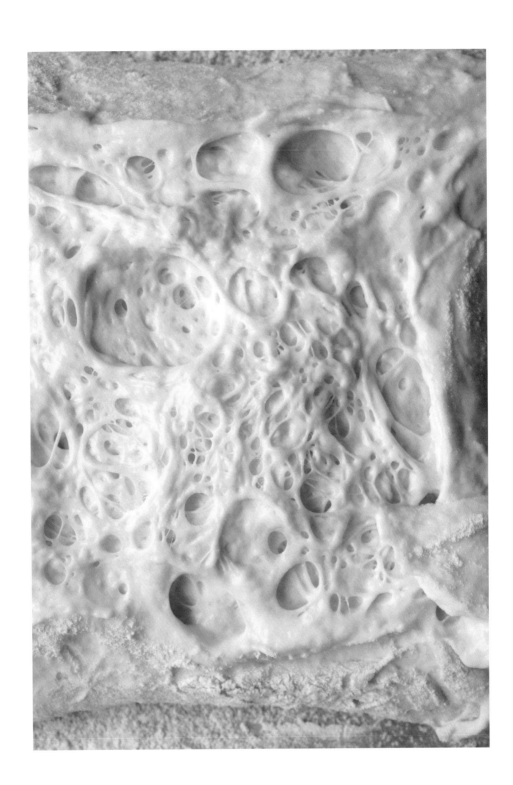

リュスティック 加水率 **78%**

成形は生地を切りっぱなしにするだけ。
あえて手をかけない、
このラフさがバリッともっちりとした食感を生みます。

材料 (4個分)

強力粉 … 200g

イースト … 小さじ1/3 (1g)

塩 … 小さじ1/2 (3g)

砂糖 … 小さじ2 (6g)

米油 (またはサラダ油) … 小さじ1 (5g)

水 … 156g

打ち粉 (強力粉) … 適量

作り方

[ミキシング]

❶ ボウルに水、塩、砂糖、米油を入れる。

❷ 続けて強力粉、イーストを順に加え、ゴムベラで粉気が見えなくなるまで混ぜる。

❸ ゴムベラでボウルの側面に生地をすり合わせるようにしてボウル全体に広げ、濡れ布巾をかけてそのまま室温で30分置く。

[一次発酵]

❹ 生地をカードで集め、ひとまとめにして保存容器に入れる。蓋をして冷蔵庫の野菜室(冷蔵室なら手前の位置)に入れ、10〜12時間置く。

[ベンチタイム]

❺ 生地の表面に打ち粉を多めにふる。容器の側面にカードを差し入れてはりついた生地をはがし、容器をひっくり返して台に取り出す A 。

❻ 打ち粉を適宜ふりながら、手で軽く生地を押してガスを抜く。生地の端を引っ張り、長方形に引き伸ばし B 、両側から折りたたんで三つ折りにする C D E 。

❼ 生地をひっくり返し、ボウルまたは濡れ布巾を被せてそのまま室温で30分休ませる。

天板にオーブンシートを敷いておく。

[分割]

❽ 生地を軽く押してガス抜きをし、傷をつけないようにカードで4等分に分割し F 、天板にのせる。

[二次発酵]

❾ 天板の四隅に空き瓶を置いて上からふんわりと濡れ布巾をかける。生地につかないように注意し、ひと回り大きくなるまで室温で70〜80分置く。

二次発酵が60分ほど経過したらオーブンを230℃に予熱しておく。

[焼成]

❿ 茶漉しで打ち粉を薄くふり、包丁で生地の中心に斜めの切り込みを1本入れる。切り込みは一方向のみに入れ、上手くいかなかった場合はなぞってもいいので同じ方向に入れる。

⓫ 温めたオーブンに入れて12〜14分焼く。底面にもしっかりと焼き色がついていたら、ケーキクーラーに取り出して冷ます。

One More Recipe

「コーンリュスティック」

リュスティックの生地にとうもろこしを加える
だけでコーンリュスティックを作ることがで
きる。三つ折りにする際にとうもろこし（生）
100gを1/2量ずつ一緒に折り込む A。こ
ぼれ落ちたり、余ったものは生地表面にの
せる B。あとは同様に分割、二次発酵、焼
成を行う。缶詰のとうもろこしを使ってもよ
いが、その際はしっかりと水気をきる。

材料（4本分）

強力粉 … 200g

イースト … 小さじ1/3（1g）

塩 … 小さじ1/2（3g）

砂糖 … 小さじ2（6g）

米油（またはサラダ油）… 小さじ1（5g）

水 … 156g

ドライフルーツミックス、くるみ … 各100g

打ち粉（強力粉）… 適量

ドライフルーツとくるみの ニューヨーカースティック

加水率**78%**

粉と同量の甘酸っぱいドライフルーツとくるみを
粉にぎっしりと包んで、ねじって焼きます。
二次発酵をしっかり取ると、歯切れよく仕上がります。

材料（4本分）

強力粉 … 190g

ココアパウダー … 8g

イースト … 小さじ1/3（1g）

塩 … 小さじ1/2（3g）

砂糖 … 小さじ2（6g）

米油（またはサラダ油）… 小さじ1（5g）

水 … 156g

チョコチップ、アーモンドスライス … 各80g

打ち粉（強力粉）… 適量

作り方

ドライフルーツとくるみのニューヨーカースティッ
クと同工程を行う。ココアパウダーは強力粉と
同じタイミングで加える。

ココアチョコの ニューヨーカースティック

加水率**78%**

ココア生地にチョコをたっぷりと包んで
おいしくないわけがありません。
ココア生地は黒いので、
焼き上がりが分かりにくいので注意して。

作り方

[ミキシング]

❶ ボウルに水、塩、砂糖、米油を入れる。

❷ 続けて強力粉、イーストを順に加え、ゴムベラで粉気が見えなくなるまで混ぜる。

❸ ゴムベラでボウルの側面に生地をすり合わせるようにしてボウル全体に広げ、濡れ布巾をかけてそのまま室温で30分置く。

[一次発酵]

❹ 生地をカードで集め、ひとまとめにして保存容器に入れる。蓋をして冷蔵庫の野菜室(冷蔵室なら手前の位置)に入れ、10〜12時間置く。

天板にオーブンシートを敷いておく。

[ベンチタイム]

❺ 生地の表面に打ち粉を多めにふる。容器の側面にカードを差し入れてはりついた生地をはがし、容器をひっくり返して台に取り出す。

❻ 打ち粉を適宜ふりながら、手で軽く生地を押してガスを抜く。生地の端を引っ張り、長方形に引き伸ばし、中央にドライフルーツとくるみを1/3量ずつのせる A。手前側を折り、その上にも1/3量ずつのせて三つ折りにする B。上から手で軽く押して平らにし、残りの具材を生地半分に置いて挟むように二つ折りにする C。

❼ 手で軽く押し、生地と具材を密着させる(約12×15cmの大きさになる) D。

❽ 生地をひっくり返して天板にのせ、濡れ布巾をかけてそのまま室温で30分休ませる。

[分割・成形]

❾ 生地を軽く押してガス抜きをし、包丁で生地を傷つけないように縦4等分に分割し E、両端を持って5〜6回ねじる F。

[二次発酵]

❿ 再度天板の上にのせ、天板の四隅に空き瓶を置いて上からふんわりと濡れ布巾をかける。生地につかないように注意し、ひと回り大きくなるまで室温で70〜80分置く。

二次発酵が60分ほど経過したらオーブンを230℃に予熱しておく。

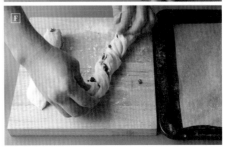

[焼成]

⓫ 温めたオーブンに入れて12〜14分焼く。底面にもしっかりと焼き色がついていたら、ケーキクーラーに取り出して冷ます。

フーガス

加水率 **80%**

木の葉の形に切り込みを入れて焼いたパンです。
生地を平らにして切り込みを入れることにより、
表面積が大きくなって、皮部分のカリカリとした
食感が楽しめます。

材料 (2個分)

強力粉 … 200g

イースト … 小さじ1/3 (1g)

塩 … 小さじ1/2 (3g)

砂糖 … 小さじ2 (6g)

オリーブ油 (またはサラダ油) … 小さじ1 (5g)

水 … 160g

打ち粉 (強力粉)、粗塩*、粗挽き黒こしょう… 各適量

*塩は塩気がマイルドな海塩が望ましいが、
岩塩を使用する場合は量を加減する。

作り方

[ミキシング]

❶ ボウルに水、塩、砂糖、オリーブ油を入れる。

❷ 続けて強力粉、イーストを順に加え、ゴムベラで粉気
が見えなくなるまで混ぜる。

❸ ゴムベラでボウルの側面に生地をすり合わせるように
してボウル全体に広げ、濡れ布巾をかけてそのまま室
温で30分置く。

[一次発酵]

❹ 生地をカードで集め、ひとまとめにして保存容器に入
れる。蓋をして冷蔵庫の野菜室(冷蔵室なら手前の
位置)に入れ、10〜12時間置く。

[分割・ベンチタイム]

❺ 生地の表面に打ち粉を多めにふる。容器の側面に
カードを差し入れてはりついた生地をはがし、容器を
ひっくり返して台に取り出す。

❻ 打ち粉を適宜ふりながら、手で軽く生地を押してガス
を抜く。生地を傷つけないようにカードで2等分に分
割する。

❼ 生地の切り口を内側に折り込み、ボウルまたは濡れ
布巾を被せてそのまま室温で30分休ませる。

天板にオーブンシートを敷いておく。

[成形]

❽ 天板に打ち粉をふって生地をのせ、軽く押してガス抜
きをして平らにする A。

> **一度に焼けない場合は**
> 天板が小さく、1個ずつしか焼けない場合は、分割
> したあとに生地が乾かないように保存容器に入れ、
> 冷蔵庫に置いておく。翌日まで保存可能。

❾ カードで真ん中に1本、その周りに左右4本ずつ切り込
みを入れ B C、切り口を広げて葉っぱ状にする D。

[二次発酵]

❿ 天板の四隅に空き瓶を置いて上からふんわりと濡れ布
巾をかける。生地につかないように注意し、ひと回り大
きくなるまで室温で70〜80分置く。

二次発酵が60分ほど経過したらオーブンを230℃に予
熱しておく。

[焼成]

⓫ 生地の表面に霧吹きで水をたっぷりとかけて濡らし
E、塩とこしょうをふり F、温めたオーブンに入れて20
〜22分焼く。底面にもしっかりと焼き色がついていた
ら、ケーキクーラーに取り出して冷ます。

バットパン 加水率**90%**

水分をたっぷりと含んだ生地は、もっちりしっとり。
一気に折りたたんで成形し、バットに入れて焼けば、
流れる生地をせき止められ、ふっくらと焼けます。

材料（21×16×高さ3cmのバット・1個分）

強力粉 … 200g

イースト … 小さじ1/3（1g）

塩 … 小さじ1/2（3g）

砂糖 … 小さじ2（6g）

オリーブ油（またはサラダ油）… 小さじ1（5g）

水 … 180g

打ち粉（強力粉）… 適量

作り方

［ミキシング］

❶ ボウルに水、塩、砂糖、オリーブ油を入れる。

❷ 続けて強力粉、イーストを順に加え、ゴムベラで
粉気が見えなくなるまで混ぜる。

❸ ゴムベラでボウルの側面に生地をすり合わせるよ
うにしてボウル全体に広げ、濡れ布巾をかけてそ
のまま室温で30分置く。

［一次発酵］

❹ 生地をカードで集め、ひとまとめにして保存容器
に入れる。蓋をして冷蔵庫の野菜室（冷蔵室なら
手前の位置）に入れ、10～12時間置く。

バットにオーブンシートを敷いておく。

［成形・二次発酵］

❺ 生地の表面に打ち粉を多めにふる。容器の側面
にカードを差し入れてはりついた生地をはがし、
容器をひっくり返して台に取り出す。

❻ 打ち粉を適宜ふりながら、手で軽く生地を押して
ガスを抜く。生地の端を引っ張り、長方形に引き
伸ばす A。両側から1/3ずつ折りたたんで三つ折
りにする B C。

❼ 生地をカードでひっくり返してバットに入れる D。
バットの四隅に空き瓶を置いて上からふんわりと濡
れ布巾をかける。生地につかないように注意し、ひ
と回り大きくなるまで室温で90～100分置く E。

二次発酵が80分ほど経過したらオーブンを230℃
に予熱しておく。

［焼成］

❽ 茶漉しで打ち粉を薄くふり、包丁で生地の中心に
斜めの切り込みを1本入れる F。切り込みは一方
向のみに入れ、上手くいかなかった場合はなぞっ
てもいいので同じ方向に入れる。

❾ 天板にのせ、温めたオーブンに入れて25～28分
焼く。底面にもしっかりと焼き色がついていたら、
ケーキクーラーに取り出して冷ます。

One More Recipe

「ドライフィグとピスタチオの
バットパン」

バットパンの生地にドライフィグ80g（3
〜4cm大に切る）とピスタチオ30gを折
り込むだけでドライフィグとピスタチオの
バットパンを作ることができる。生地を
三つ折りにする際にそれぞれ1/2量ずつ
一緒に折り込む A B 。あとは同様に二
次発酵、焼成を行う。

"より本格的な生地を楽しむ"

じゃがいも、米粉、ミネラルウォーターで
ワンランク上の生地へ

セミハード生地をより本格的に挑戦してみたい人におすすめです。
日本の水は主に軟水。セミハードパンが育まれたヨーロッパは硬水のため、
水分量の多い配合に硬水を使うと、お店のようなしっかりと生地が持ち上がったパンになります。
また皮はカリカリのまま、生地をもっとしっとりとさせたい場合は、
もち粉か、蒸して潰したじゃがいもを少量加える方法をおすすめします。
もち粉とじゃがいものでんぷんにより、皮がよりクリスピーになり、生地ももっちりとします。

クッペ

材料（4個分）

Ⓐ 強力粉 180g ＋もち粉 20g

Ⓑ 強力粉 180g ＋蒸して潰したじゃがいも 20g

イースト … 小さじ 1/3（1g）

塩 … 小さじ 1/2（3g）

砂糖 … 小さじ 2（6g）

オリーブ油（またはサラダ油）… 小さじ 1（5g）

ミネラルウォーター（硬度 250 ～ 300）… 150g

打ち粉（強力粉）… 適量

作り方

［ミキシング］

❶ ボウルにミネラルウォーター、塩、砂糖、オリーブ油を入れる。

❷ 続けてⒶまたはⒷ、イーストを順に加え、ゴムベラで粉気が見えなくなるまで混ぜる。

❸ ゴムベラで生地をボウルの側面にすり合わせるようにしてボウル全体に広げる、濡れ布巾をかけてそのまま室温で30分置く。

［一次発酵］

❹ 生地をカードで集め、ひとまとめにして保存容器に入れる。蓋をして冷蔵庫の野菜室（冷蔵室なら手前の位置）に入れ、10 ～ 12 時間置く。

天板にオーブンシートを敷いておく。

［分割・ベンチタイム］

❺ 生地の表面に打ち粉を多めにふる。容器の側面にカードを差し入れてはりついた生地をはがし、容器をひっくり返して台に取り出す。

❻ 打ち粉を適宜ふりながら、手で軽く押してガスを抜く。生地を傷つけないようにカードで4等分に分割する。

❼ 生地の切り口を内側に折り込む。閉じ目を下にして天板に生地を並べ、濡れ布巾をかけてそのまま室温で20分休ませる。

［成形］

❽ 打ち粉をふった台に生地をのせ、軽く押してガス抜きをして平らにする。生地の端を摘んで中央に集め、さらに二つ折りにして閉じ目を摘んでしっかりと閉じてフットボール状にする。

［二次発酵］

❾ 再度天板の上に閉じ目を下にしてのせ、天板の四隅に空き瓶を置いて上からふんわりと濡れ布巾をかける。生地につかないように注意し、ひと回り大きくなるまで室温で70 ～ 80 分置く。

二次発酵が60分ほど経過したらオーブンを230℃に予熱しておく。

［焼成］

❿ 茶漉しで打ち粉を薄くふり、包丁で生地の中心に切り込みを1本入れる。切り込みは一方向のみに入れ、上手くいかなかった場合はなぞってもいいので同じ方向に入れる。

⓫ 温めたオーブンに入れて12～14分焼く。底面にもしっかりと焼き色がついていたら、ケーキクーラーに取り出して冷ます。

水道水　　　　　　　　ミネラルウォーター

強力粉＋もち粉　　　　　強力粉＋じゃがいも

Dishes

テーブルブレッドと楽しむ料理

カリカリベーコンと かぼちゃのポタージュスープ

材料（2人分）

ベーコン … 2枚
かぼちゃ … 1/6個
バター（食塩不使用）… 20g
砂糖 … 小さじ2

塩 … 小さじ1/3
シナモンパウダー … 適宜
牛乳 … 1と1/2カップ
プチパン、全粒粉プチパン
　（p.26）… 各適量

作り方

① ベーコンはフライパンに並べて中弱火にかけ、カリカリになるまでじっくりと焼いておく。

② かぼちゃは種とワタを取り、皮を削り落とす。さらに薄切りにし、バターとともに鍋に入れる。

③ 蓋をして中弱火にかけ、木ベラでときどき混ぜながら煮崩れるまで蒸らしながら炒める。

④ 砂糖、塩、好みでシナモンパウダー少々を加える。

⑤ かぼちゃの塊を潰しながら牛乳を加え、沸騰しない火加減で混ぜながら滑らかにする。

⑥ カリカリに焼いたベーコンとともに器によそい、プチパンを添える。

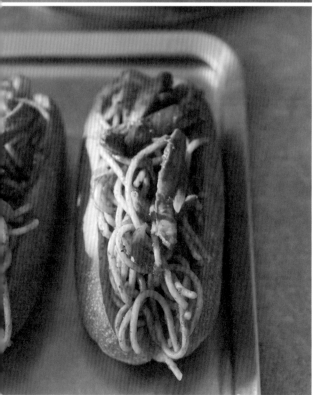

ナポリタンのコッペパン

材料（2本分）

パスタ … 60g
ソーセージ … 2本
玉ねぎ … 1/4個
ピーマン … 1個

A
　トマトケチャップ … 大さじ2
　しょうゆ … 小さじ1
　チリパウダー（好みで）… 少々
サラダ油 … 小さじ2
コッペパン（p.32）… 2本

作り方

① 玉ねぎは薄切りにし、ピーマンは縦半分に切ってヘタと種を取り、2mm幅の斜め切りにする。ソーセージは縦に十字に切る。

② 鍋に湯を沸かす。パスタを半分に折って加え、袋の表示通りに茹でて水気をきる。

③ フライパンにサラダ油を入れて中火にかける。ソーセージ、玉ねぎ、ピーマンを加えて炒め、しんなりとしてきたらパスタとAを加えて炒め合わせる。

④ コッペパンに縦に切り込みを入れ、ナポリタンを半量ずつ挟む。

卵サラダのコッペパン

材料（2本分）
茹で卵 … 2個
マヨネーズ … 大さじ2
白ワインビネガー … 小さじ1/2
塩 … 少々
白こしょう … 少々
ホワイトコッペパン（p.33）… 2本

作り方
❶ 茹で卵は殻をむいてボウルに入れる。フォークで粗く潰し、マヨネーズ、白ワインビネガー、塩、こしょうを加えて混ぜる。

❷ コッペパンに縦に切り込みを入れ、卵サラダを半量ずつ挟む。

ハムと野菜のグリルの
サンドイッチ

材料（4個分）
野菜のグリル（作りやすい分量）
　玉ねぎ … 小1個
　なす … 1本
　ズッキーニ … 1本
　パプリカ（赤、黄色）… 各小1個
　オリーブ油 … 大さじ2
　燻製塩（または塩）… 少々
パストラミハム … 100g
グリーンリーフレタス … 適量
ピタ（p.36）… 2枚

作り方
❶ 野菜のグリルを作る。玉ねぎ、なす、ズッキーニは1cm幅の輪切りにする。パプリカは縦半分に切ってヘタと種を取り、2cm幅に切る。グリルパンにオリーブ油を引いて中弱火にかけ、全体に焼き色がつくまで野菜をじっくりと焼き、皿に盛り、燻製塩をふる。

❷ ピタを半分に切り、①、パストラミハム、グリーンリーフレタスを詰める。

クリームチーズと
サーモンのサンドイッチ

材料（2個分）
クリームチーズ … 30g
スモークサーモン … 6枚
ディル … 1枝
ベーグル（p.38）… 2個

作り方
❶ ベーグルは高さ半分にスライスする。

❷ ①の下側の断面にクリームチーズを塗り、
　　スモークサーモン、ディルを半量ずつのせ
　　て挟む。

コールスローのサンドイッチ

材料（2個分）
キャベツ … 1枚
きゅうり … 1/2本
塩 … 小さじ1/4
白ワインビネガー … 小さじ2
オリーブ油 … 小さじ2
クリームチーズ … 30g
ケシの実ライ麦ベーグル（p.38）… 2個
粗挽き黒こしょう … 適宜

作り方
❶ キャベツは5mm幅の短冊状に切る。きゅ
　　うりは縦半分に切り、斜め薄切りにする。

❷ ボウルに①、塩、白ワインビネガーを入れ、
　　さっと混ぜて10分ほど置く。

❸ 野菜がしんなりとしてきたら出てきた水分
　　を絞り、オリーブ油を加えて混ぜる。

❹ ベーグルは高さ半分にスライスする。ベー
　　グルの下側の断面にクリームチーズを塗
　　り、コールスローを半量ずつのせる。好み
　　でこしょうをふり、挟む。

フォカッチャの
チーズサンドイッチ

材料（2個分）
コンテチーズ（スライス）… 40g
バジルの葉 … 4枚
フォカッチャ（p.42）… 1/2枚

作り方
❶ フォカッチャは半分に切り、さらに高さ半分
　にスライスする。

❷ ①の下側にコンテチーズとバジルの葉を半
　量ずつのせて挟む。

フォカッチャの パンツァネッラ

材料（2人分）
トマト … 小1個
紫玉ねぎ … 1/4個
きゅうり … 1/2本
ピーマン … 1個
白ワインビネガー … 大さじ1
オリーブ油 … 小さじ2
フォカッチャ（p.42）… 1/2枚

作り方
❶ トマトはヘタを取り、6等分のくし形切りに
　する。紫玉ねぎは薄切りにして氷水に5分
　ほどさらし、水気をきる。きゅうりはひと口
　大の乱切りにする。ピーマンは5mm幅の
　輪切りにし、できれば種を取る。

❷ フォカッチャは3cm大に切り、フライパン
　に並べる。中弱火にかけて全体に焼き色
　がつくまでこんがりと焼く。

❸ ボウルに①と②を入れ、白ワインビネガー
　とオリーブ油を加えてさっと混ぜる。

エッグベネディクトの
オープンサンド

材料（2個分）
卵 … 2個
米酢 … 少々
ソース
  │ マヨネーズ … 大さじ2
  │ プレーンヨーグルト（無糖）… 大さじ3
  │ 粉チーズ … 大さじ1
イングリッシュマフィン（p.44）… 1個
レリッシュ … 適宜

作り方

❶ ソースの材料は混ぜておく。

❷ イングリッシュマフィンは包丁で高さ半分に
スライスし、フライパンに並べる。弱火にか
けて焼き色がついたら裏返し、同様に焼い
て器にのせる。

❸ ポーチドエッグを作る。鍋に1ℓ程度の湯を
沸かし、酢を加える。卵1個を静かに割り入
れ、白身がかたまってきたら網じゃくしでひと
塊になるように寄せる。そのまま1分ほど茹で
たら湯から上げる。残りの卵も同様に作る。

❹ ③の水気をきり、イングリッシュマフィンの上
に置く。ソースを半量ずつかけ、好みでレリッ
シュをのせる。

サーモンとじゃがいもの
クリームスープ

材料（2人分）

生鮭（切り身）… 2切れ
玉ねぎ … 1/4個
セロリ … 1/3本
じゃがいも … 2個
生クリーム（35%）… 1/2カップ

サラダ油 … 小さじ2
塩 … 適量
パセリ（乾燥）… 適宜
クッペ（p.66）… 適量

作り方

❶ 生鮭は皮を取って4cm大に切り、塩小さじ1/2をふって10分ほど置く。

❷ 玉ねぎとセロリは1cm大に切る。じゃがいもは皮をむき、3〜4cm大に切る。

❸ 鍋にサラダ油を入れて中火にかけ、②の野菜を炒める。玉ねぎがしんなりとしてきたら①と水をひたひたに加え、沸騰してきたらじゃがいもに火が通るまで10分ほど弱火で煮る。

❹ 生クリームを加え、味をみて塩で調える。

❺ 器によそって好みでパセリをふり、クッペを添える。

カレーピクルス

材料（作りやすい量）

＊野菜総重量350〜400g（野菜は好みで総重量400g内で変更してもよい）

玉ねぎ … 1/2個
きゅうり … 1本
カリフラワー … 50g
かぶ … 小1個
れんこん … 70g
ブラウンマッシュルーム
　… 4個

ピクルス液
| 米酢 … 2カップ
| 砂糖 … 大さじ5
| 塩 … 小さじ1と1/2
| カレー粉 … 小さじ2
| 唐辛子 … 1本
| ローリエ … 1枚

ベーコンエピ、大葉味噌のリング
　エピ（p.72・73）… 各適量

作り方

❶ 玉ねぎは芯を残して6等分のくし形切りにする。きゅうりは皮を縞目にむき、2cm幅に切る。カリフラワーは小房に分ける。かぶは茎を1cmほど残し、6等分のくし形切りにする。れんこんは皮をむいて1.5cm幅に切り、大きければ半分に切る。マッシュルームは縦半分に切る。

❷ 大きな鍋にたっぷりの湯を沸かす。①の野菜をかためにさっと茹でて水気をきり、大きな耐熱性の保存袋に入れる。

❸ 小鍋にピクルス液を入れ、中火にかける。砂糖が溶け、湯気が立ってきたら②に加え、なるべく空気を抜いて口を閉じる。そのまま3時間以上置き、野菜にカレーの色がついてきたらでき上がり。冷蔵庫で2週間ほど保存可能。

❹ 器に盛り、エピを添える。

フムス

材料（作りやすい分量）

ひよこ豆（水煮） … 100g

A
　白練りごま … 大さじ1/2
　オリーブ油 … 大さじ1
　レモン汁 … 小さじ1/2
　おろしにんにく … 1/3かけ分
　塩 … 小さじ1/3
　クミンパウダー … ひとつまみ

リュスティック、コーンリュスティック（p.76・77）
　… 各適量

作り方

❶ フードプロセッサーにひよこ豆、A、水大さじ2を入れ、ペースト状になるまで撹拌する（またはすり鉢で滑らかになるまでする）。

❷ 皿に盛り、オリーブ油（分量外）を回しかけ、リュスティックを添える。

ババガヌーシュ風蒸しなす

材料（作りやすい分量）

なす … 3本

A
　白練りごま … 大さじ1
　オリーブ油 … 大さじ1/2
　レモン汁 … 小さじ1
　おろしにんにく … 1/3かけ分
　燻製塩（または塩） … 小さじ1/3
　クミンパウダー … ひとつまみ

リュスティック、コーンリュスティック（p.76・77）
　… 各適量

作り方

❶ なすは皮をむき、3cm幅に切る。蒸気の上がった蒸し器に入れ、やわらかくなるまで10分ほど蒸して取り出し、粗熱を取る。

❷ ①の水気を軽くきってボウルに入れ、Aを加えてフォークで粗く潰すように混ぜる。

❸ 皿に盛り、オリーブ油（分量外）を回しかけ、リュスティックを添える。

りんごとセロリのマリネサラダ

材料（2人分）

りんご … 1/2個

セロリ … 1/2本

A

　塩 … 小さじ1/4

　レモン汁 … 小さじ2

　はちみつ … 小さじ1

　オリーブ油 … 大さじ1

ドライフルーツとくるみの

　ニューヨーカースティック（p.78） … 適量

作り方

❶ りんごとセロリは3cm大に切り、ボウルに入れる。

❷ Aを加え、ゴムベラでドレッシングが乳化して具材に絡まるまで混ぜる。

❸ 器に盛り、ニューヨーカースティックを添える。

ミントとパセリのタブレ

材料（2個分）

クスクス（乾燥） … 1/4カップ

紫玉ねぎ … 1/2個

きゅうり … 1/2本

ミント … 1パック

イタリアンパセリ

　… 1パック（パセリならひとつかみ）

A

　オリーブ油 … 大さじ1と1/2

　レモン汁 … 大さじ2

　おろしにんにく … 1/3かけ分

　赤紫蘇ふりかけ … 小さじ1/2

　シナモンパウダー … 少々

　塩 … 少々

フーガス（p.80） … 適量

作り方

❶ クスクスはボウルに入れ、熱湯を同量程度注ぐ。鍋蓋などを被せて10分ほど蒸らし、そのまま粗熱を取る。

❷ 紫玉ねぎ、きゅうりは粗みじん切りにする。ミントとイタリアンパセリは葉を摘み、ざく切りにする。

❸ ①に②とAを加え、ゴムベラでクスクスをほぐすようによく混ぜる。

❹ 器に盛り、フーガスを添える。

塩麹チキンとグリーンピースの蒸し煮

材料（2人分）

鶏もも肉 … 1枚

グリーンピース（生でも冷凍でも）

　… 1カップ強（正味）

玉ねぎ … 1/4個

塩麹 … 大さじ2

おろしにんにく … 小さじ1/2

オリーブ油 … 大さじ1

白ワイン … 大さじ2

タイム … 適宜

バットパン、ドライフィグとピスタチオの

　バットパン（p.82・83） … 各適量

作り方

❶ 鶏肉は4～5cm大に切り、ボウルに入れる。塩麹とおろしにんにくを加えて混ぜ、冷蔵庫に1時間以上置いて味を馴染ませる。

❷ 玉ねぎは粗みじん切りにする。

❸ 鍋に①の鶏肉を皮目を下にして並べ、上から玉ねぎ、グリーンピースを加える。グリーンピースは冷凍のものでも解凍せずにそのまま加える。

❹ ③にオリーブ油、白ワインを一度に回し入れ、好みでタイム少々を加える。蓋をして中火にかけ、沸騰してきたら火を弱め、煮汁が少なくなるまで8分ほど蒸し煮にする。

❺ 皿に盛り、バットパンを添える。

材料

（1）強力粉
手軽に手に入る強力粉でおいしく作れます。た
だ、最強力粉はグルテンを多く含んでいるため、
かたい生地になってしまうので注意してください。

（2）砂糖
発酵を安定させ、風味を与えてくれる砂糖。
本書ではきび砂糖を使用していますが、普段
使っているもので大丈夫です。

（3）塩
塩は旨みのある海水で製造された自然塩を
使います。

（4）イースト
イーストはインスタントドライイーストを使います。
鮮度を保つため、使い終わったら冷蔵庫また
は冷凍庫で保存してください。

（5）水
水はミネラル分の少ない、常温の水道水が向
いています。

（6）油
サラダ油、米油など、好みの植物油を使って
ください。

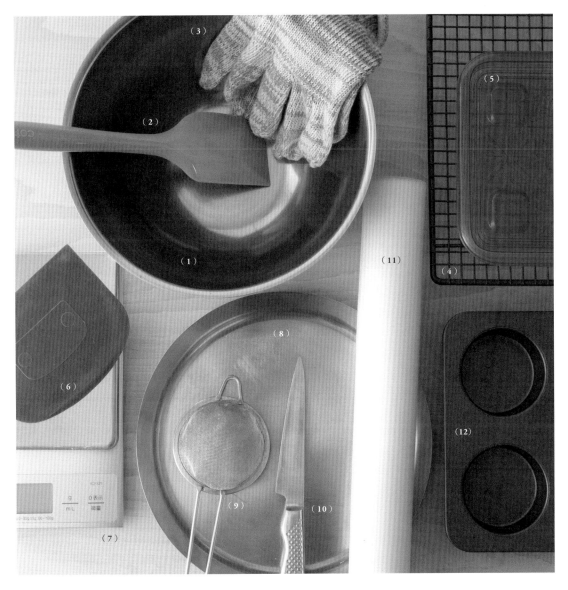

道 具

（1）ボウル
直径20cm程度のものが使いやすいです。

（2）ゴムベラ
ボウルに馴染むものを選ぶとよいでしょう。

（3）オーブン用手袋
ミトンよりも指先が動きます。ヤケドの心配もなく、作業しやすいのが特徴。厚手の軍手を2枚重ねて代用も可能です。

（4）ケーキクーラー
焼けたパンを冷ますのに使います。天板を安定してのせることができる四角形がおすすめです。

（5）保存容器
生地を入れて発酵させます。本書では、15cm四方、高さ8cm程度の700mℓ 容量のサイズを使っています。プラスチック製で、底面も上面と同じ大きさで、底面が平らなものが使い勝手がよいです。

（6）カード
生地をすくったり、まとめたり、カットする作業で使用します。

（7）スケール
パンの材料はgで表示しています。正しく計量して材料を揃えることが大切です。

（8）ボウル蓋
生地を発酵させる際にあると便利です。ない場合は濡れ布巾、またはラップでも大丈夫です。

（9）茶漉し
打ち粉をふるときに使います。

（10）ナイフ
パンにクープ（切り目）を入れる際に使います。切れ味のよいものを使うと、きれいなクープになります。

（11）オーブンシート
パンを焼く際に天板に敷きます。

（12）マフィン型
イングリッシュマフィン（p.45）を焼く際に使用します。本書では勾配がない、直径6.5cmのストレートタイプを使用しています。

ムラヨシマサユキ

料理研究家。製菓学校卒業後、パティスリー、カフェ、レストランなどの勤務を経て、お菓子とパンの教室をスタートさせる。日々の暮らしの中にある"美味しい"を見い出し、繰り返し作れるシンプルなレシピを提案する。雑誌、書籍、テレビ、料理教室の講師、メニュー開発など多方面で活躍中。『冷蔵庫仕込みでじっくり発酵。カンパーニュ』『ムラヨシマサユキのチョコレート菓子 ぼくのとっておきのレシピ。』『作って楽しい 食べて美味しい ムラヨシマサユキのシフォンケーキ研究室』『ムラヨシマサユキのスコーンBOOK』『ムラヨシマサユキのベーグルブック』（グラフィック社）など著書多数。

photograph	南雲保夫
styling	中里真理子
design	高橋朱里（○△）
cooking assistant	鈴木萌夏
editing	小池洋子（グラフィック社）

新装版 テーブルブレッド

同じ材料でプチパンから
ベーグル、クッペまで。

2024 年 6 月 25 日　初版第 1 刷発行
2024 年 8 月 25 日　初版第 2 刷発行

著　　者　　ムラヨシマサユキ
発行者　　津田淳子
発行所　　株式会社グラフィック社
　　　　　〒 102-0073
　　　　　東京都千代田区九段北 1-14-17
　　　　　tel.03-3263-4318（代表）
　　　　　03-3263-4579（編集）
https://www.graphicsha.co.jp
印刷・製本　　TOPPANクロレ株式会社